Personas de la comunidad

La policía

Diyan Leake

Heinemann Library
Chicago, Illinois

Customer Service 888-454-2279
Visit our website at www.heinemannraintree.com

Designed by Joanna Hinton-Malivoire and Steve Mead
Translation into Spanish by DoubleO Publishing Services
Printed in the United States of America in North Mankato, Minnesota. 042015   008852RP

17 16 15
10 9 8 7 6 5

ISBN-10: 1-4329-1997-0 (hc) -- ISBN-10: 1-4329-2004-9 (pb)
ISBN-13: 978-1-4329-1997-9 (hc) -- ISBN-13: 978-1-4329-2004-3 (pb)

Library of Congress Cataloguing-in-Publication Data

Leake, Diyan.
  [Police officers. Spanish]
  La policía / Diyan Leake.
     p. cm. -- (Personas de la comunidad)
  Includes index.
  ISBN 978-1-4329-1997-9 (hardcover) -- ISBN 978-1-4329-2004-3 (pbk.)
  1. Police--Juvenile literature. 2. Police-community relations--Juvenile literature. I. Title.
  HV7922.L4318 2008
  363.2--dc22
                                    2008017206

Acknowledgments
The publishers would like to thank the following for permission to reproduce photographs:
©Age Fotostock pp. **6** (UpperCut Images), **8** (Jeremy Woodhouse), **11** (Anton J. Geisser), **12** (Kevin O'Hara), **14** (Ben Walsh), **16** (Gonzalo Azumendi), **21** (Jeff Greenberg), **22 (bottom)** (Kevin O'Hara); ©Alamy pp. **9** (Vehbi Koca), **15** (Mike Abrahams), **22 (middle)** (Mike Abrahams); ©AP Photo (Remy de la Mauviniere) p. **19**; ©Corbis (Bojan Brecelj) p. **13**; ©DigitalRailroad.net (GalileoPix/Oote Boe) p. **7**; ©Getty Images pp. **4** (Gavin Hellier), **5** (Andrew Holt), **10** (Jeff Brass), **20** (Yoshikazu Tsuno/AFP), **22 (top)** (Gavin Hellier); ©Reuters (Rafiqur Rahman/Landov) p. **18**; ©Shutterstock (Pres Panayotov) p. **17**.

Front cover photograph of a police officer on horseback reproduced with permission of ©Reuters (Ian Hodgson). Back cover photograph reproduced with permission of ©Age Fotostock (Jeremy Woodhouse).

Every effort has been made to contact copyright holders of any material reproduced in this book. Any omissions will be rectified in subsequent printings if notice is given to the publisher.

Contenido

Comunidades

Las personas viven en comunidades.

Las personas trabajan en comunidades.

La policía de la comunidad

La policía trabaja en comunidades.

La policía nos ayuda a mantenernos
a salvo.

¿Qué hace la policía?

La policía se asegura de que no haya peligro en las carreteras.

La policía ayuda a las personas perdidas.

La policía ayuda en caso de accidentes.

La policía ayuda a combatir
la delincuencia.

¿Qué vestimenta lleva la policía?

La policía viste uniformes.

Los policías llevan una placa de policía.

¿Dónde trabaja la policía?

La policía trabaja en las calles.

La policía trabaja en las estaciones
de policía.

La policía en acción

La policía conduce automóviles.

La policía camina.

La policía monta a caballo.

La policía monta bicicleta.

¿Cómo nos ayuda la policía?

La policía nos ayuda a mantenernos
a salvo.

Índice

Nota a padres y maestros

Esta serie presenta a los lectores las vidas de los distintos trabajadores de la comunidad, y explica algunos de los distintos trabajos que desempeñan en todo el mundo. Algunos de los lugares que aparecen en este libro incluyen Transilvania, Rumanía (página 4); Londres, Inglaterra (página 5); Basilea, Suiza (página 11); Provincia de Saskatchewan, Canadá (página 12); Iquitos, Perú (página 16); Vincennes, Francia (página 19); y Tokio, Japón (página 20).

Comente con los niños sus experiencias con la policía de la comunidad. ¿Conocen a algún policía? Comente con los niños por qué las comunidades necesitan policías.

Pida a los niños que revisen el libro e identifiquen algunos de los elementos que ayudan a los policías a hacer su trabajo. Entregue a los niños cartulina para afiches y pídales que dibujen policías. Pídales que dibujen la ropa, los instrumentos y los vehículos que usan para trabajar.

El texto se ha elegido con el asesoramiento de una experta en lecto-escritura para garantizar el éxito de los lectores principiantes en su lectura independiente o con apoyo moderado. Puede apoyar las destrezas de lectura de no ficción de los niños ayudándolos a usar el contenido, el glosario ilustrado y el índice.